Highlights

KB198554

똑똑해지는

도전!
60초
퍼즐

낮잠 시간

두 그림을 비교하여 서로 다른 점 18개 이상을 찾아보세요.
첫 60초 안에 찾은 다른 점 개수를 도전 1에, 다음 60초 안에 찾은 개수를
도전 2에 적으세요. 모두 찾을 때까지 도전해 보세요.

도전 1: _____   도전 2: _____

도전 3: _____   도전 4: _____

귀여운 고양이들

고양이들은 가로, 세로, 대각선으로 각 줄마다 1가지씩 공통점이 있어요.
첫 60초 안에 찾은 공통점 개수를 도전 1에, 다음 60초 안에 찾은 개수를
도전 2에 적으세요. 모두 찾을 때까지 도전해 보세요.

도전 1: _____   도전 2: _____

도전 3: _____   도전 4: _____

멍멍이네 꿀꿀이는 멍멍해도 꿀꿀하고
꿀꿀이네 멍멍이는 꿀꿀해도 멍멍하네.

신나는 범퍼카

범퍼카 놀이 그림에서 이상한 그림을 찾아보세요.
첫 60초 안에 찾은 이상한 점 개수를 도전 1에, 다음 60초 안에 찾은 개수를
도전 2에 적으세요. 모두 찾을 때까지 도전해 보세요.

도전 1: _____   도전 2: _____

도전 3: _____   도전 4: _____

내 짝은 어디에?

똑같은 앵무새끼리 짝지으세요. 첫 60초 안에 찾은 같은 쌍 개수를
도전 1에, 다음 60초 안에 찾은 개수를 도전 2에 적으세요.
모두 찾을 때까지 도전해 보세요.

시간을 재요!

깃털 15개를
찾아보세요.
60초 안에 몇 개를
찾을 수 있나요?

도전 1: ____   도전 2: ____

도전 3: ____   도전 4: ____

풍성한 가을

가을에는 낙엽을 쓸고, 호박을 수확하고, 도토리를 모아요!
첫 60초 안에 탈출한 미로 개수를 도전 1에, 다음 60초 안에 찾은 개수를
도전 2에 적으세요. 모두 찾을 때까지 도전해 보세요.

출발

도착

도전 1: _____   도전 2: _____

도전 3: _____   도전 4: _____

시간을 재요!
'가을' 하면 생각나는
단어를 말해 보세요.
60초 안에 몇 개나
말할 수 있나요?

6개씩 찾아라!

숨은 그림들을 찾아보세요. 장면마다 6개씩 숨어 있어요.
첫 60초 안에 찾은 숨은 그림 개수를 도전 1에, 다음 60초 안에 찾은 개수를
도전 2에 적으세요. 모두 찾을 때까지 도전해 보세요.

숨은 그림을 찾으세요.

붓 3개	클립 4개
야구방망이 3개	반지 2개
종 4개	신발 2개
도미노 3개	숟가락 2개
아이스크림콘 2개	압정 5개
막대사탕 3개	칫솔 3개

시간을 재요!

같은 종류의 숨은 그림
6개가 똑같이 숨은 장면
2개를 찾아보세요.
60초 안에
찾을 수 있나요?

도전 1: _____   도전 2: _____

도전 3: _____   도전 4: _____

암벽 등반

두 그림을 비교하여 서로 다른 점 19개 이상을 찾아보세요.
첫 60초 안에 찾은 다른 점 개수를 도전 1에, 다음 60초 안에 찾은 개수를
도전 2에 적으세요. 모두 찾을 때까지 도전해 보세요.

도전 1: _____   도전 2: _____

도전 3: _____   도전 4: _____

알록달록 축제 인형

줄에 매달린 인형들은 가로, 세로, 대각선으로 각 줄마다 1가지씩
공통점이 있어요. 첫 60초 안에 찾은 공통점 개수를 도전 1에,
다음 60초 안에 찾은 개수를 도전 2에 적으세요.
모두 찾을 때까지 도전해 보세요.

도전 1: _____   도전 2: _____

도전 3: _____   도전 4: _____

시간을 재요!
왼쪽 문장을 정확한
발음으로 재빨리
읽으세요. 60초 안에
몇 번 읽을 수 있나요?

저기 저 말 말뚝이 말 맬 만한 말 말뚝인가
말 못 맬 만한 말 말뚝인가.

반짝반짝 닦아요

세차장에서 이상한 그림을 찾아보세요. 첫 60초 안에 찾은 이상한 점 개수를
도전 1에, 다음 60초 안에 찾은 개수를 도전 2에 적으세요.
모두 찾을 때까지 도전해 보세요.

도전 1: _____   도전 2: _____

도전 3: _____   도전 4: _____

갖가지 선글라스

똑같은 선글라스끼리 짝지으세요. 첫 60초 안에 찾은 같은 쌍 개수를
도전 1에, 다음 60초 안에 찾은 개수를 도전 2에 적으세요.
모두 찾을 때까지 도전해 보세요.

시간을 재요!

그림 속에 18마리
이상의 동물들이 있어요.
60초 안에 몇 마리를
찾을 수 있나요?

도전 1: ____   도전 2: ____

도전 3: ____   도전 4: ____

60초 경주 미로

어이쿠, 서둘러야 해요! 첫 60초 안에 탈출한 미로 개수를 도전 1에,
다음 60초 안에 탈출한 개수를 도전 2에 적으세요.
모두 탈출할 때까지 도전해 보세요.

출발

도착

출발

도착

시간을 재요!
'경주' 하면 생각나는
단어를 말해 보세요.
60초 안에 몇 개나
말할 수 있나요?

도전 1: _____   도전 2: _____

도전 3: _____   도전 4: _____

15

6개씩 찾아라!

숨은 그림들을 찾아보세요. 장면마다 6개씩 숨어 있어요.
첫 60초 안에 찾은 숨은 그림 개수를 도전 1에, 다음 60초 안에 찾은 개수를
도전 2에 적으세요. 모두 찾을 때까지 도전해 보세요.

숨은 그림을 찾으세요.

머리빗 3개	물주전자 3개
북채 4개	조각 피자 2개
손전등 3개	찻잔 3개
막대사탕 2개	칫솔 3개
벙어리장갑 3개	와플 2개
못 3개	요요 5개

도전 1: _____   도전 2: _____

도전 3: _____   도전 4: _____

바나나 친구들

두 그림을 비교하여 서로 다른 점 20개 이상을 찾아보세요.
첫 60초 안에 찾은 다른 점 개수를 도전 1에, 다음 60초 안에 찾은 개수를
도전 2에 적으세요. 모두 찾을 때까지 도전해 보세요.

도전 1: _____   도전 2: _____

도전 3: _____   도전 4: _____

우스운 외계인들

외계인들은 가로, 세로, 대각선으로 각 줄마다 1가지씩 공통점이 있어요.
첫 60초 안에 찾은 공통점 개수를 도전 1에, 다음 60초 안에 찾은 개수를
도전 2에 적으세요. 모두 찾을 때까지 도전해 보세요.

도전 1: _____   도전 2: _____

도전 3: _____   도전 4: _____

시간을 재요!

왼쪽 문장을 정확한
발음으로 재빨리
읽으세요. 60초 안에
몇 번 읽을 수 있나요?

내가 그린 기린 그림은 잘 그린 기린 그림이고
네가 그린 기린 그림은 잘 못 그린 기린 그림이다.

북적북적 시장

시장에서 이상한 그림을 찾아보세요. 첫 60초 안에 찾은 이상한 점 개수를
도전 1에, 다음 60초 안에 찾은 개수를 도전 2에 적으세요.
모두 찾을 때까지 도전해 보세요.

도전 1: _____   도전 2: _____

도전 3: _____   도전 4: _____

바닷속 레스토랑

똑같은 바다 생물끼리 짝지으세요. 첫 60초 안에 찾은 같은 쌍 개수를 도전 1에, 다음 60초 안에 찾은 개수를 도전 2에 적으세요. 모두 찾을 때까지 도전해 보세요.

시간을 재요!

그림 속에 150개 이상의 물거품이 있어요. 60초 안에 몇 개를 찾을 수 있나요?

도전 1: _____   도전 2: _____

도전 3: _____   도전 4: _____

즐거운 우리집

흙으로 집도 짓고 농사도 지어요! 첫 60초 안에 탈출한 미로 개수를
도전 1에, 다음 60초 안에 탈출한 개수를 도전 2에 적으세요.
모두 탈출할 때까지 도전해 보세요.

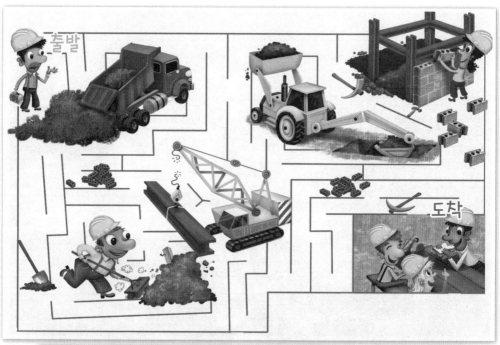

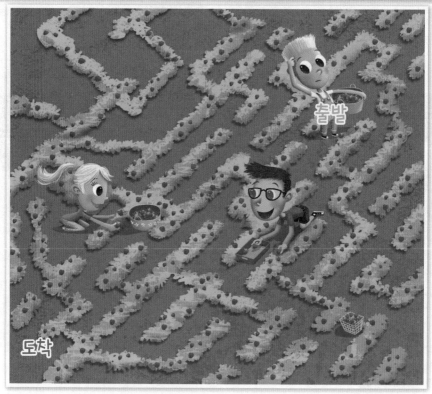

출발

도착

| 도전 1: _____ | 도전 2: _____ |
| 도전 3: _____ | 도전 4: _____ |

도착

출발

시간을 재요!
'흙' 하면 생각나는
단어를 말해 보세요.
60초 안에 몇 개나
말할 수 있나요?

6개씩 찾아라!

숨은 그림들을 찾아보세요. 장면마다 6개씩 숨어 있어요.
첫 60초 안에 찾은 숨은 그림 개수를 도전 1에, 다음 60초 안에 찾은 개수를
도전 2에 적으세요. 모두 찾을 때까지 도전해 보세요.

숨은 그림을 찾으세요.

부메랑 3개	올리브 4개
당근 3개	페인트붓 4개
그믐달 4개	땅콩 2개
깃털 2개	자 4개
골프채 4개	조각 파이 2개
버섯 2개	와플 2개

예쁜 가발

시간을 재요!

같은 종류의 숨은 그림
6개가 똑같이 숨은 장면
2개를 찾아보세요.
60초 안에
찾을 수 있나요?

도전 1: _____   도전 2: _____

도전 3: _____   도전 4: _____

스포츠를 즐겨요

스포츠 선수들이 경기에서 이기고 싶어 해요. 첫 60초 안에 탈출한
미로 개수를 도전 1에, 다음 60초 안에 탈출한 개수를 도전 2에 적으세요.
모두 탈출할 때까지 도전해 보세요.

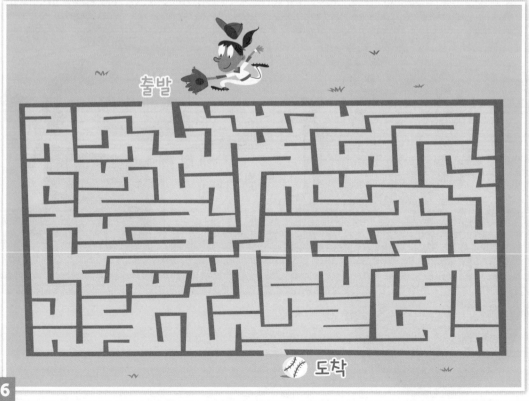

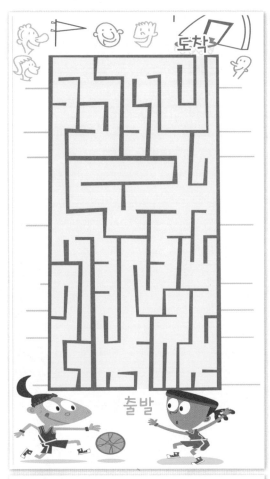

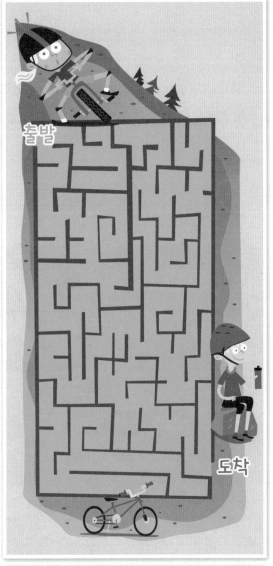

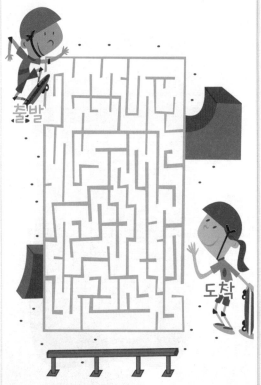

시간을 재요!

'스포츠' 하면 생각나는
단어를 말해 보세요.
60초 안에 몇 개나
말할 수 있나요?

27

6개씩 찾아라!

숨은 그림들을 찾아보세요. 장면마다 6개씩 숨어 있어요.
첫 60초 안에 찾은 숨은 그림 개수를 도전 1에, 다음 60초 안에 찾은 개수를
도전 2에 적으세요. 모두 찾을 때까지 도전해 보세요.

숨은 그림을 찾으세요.

바나나 4개	벙어리장갑 4개
브로콜리 2개	머그잔 2개
빨래집게 2개	냄비 2개
면봉 4개	조각 피자 3개
도미노 3개	뒤집개 3개
북채 4개	조각 오렌지 3개

시간을 재요!

같은 종류의 숨은 그림
6개가 똑같이 숨은 장면
2개를 찾아보세요.
60초 안에
찾을 수 있나요?

| 도전 1: _____ | 도전 2: _____ |
| 도전 3: _____ | 도전 4: _____ |

수족관 구경

수족관에서 이상한 그림을 찾아보세요. 첫 60초 안에 찾은 이상한 점 개수를
도전 1에, 다음 60초 안에 찾은 개수를 도전 2에 적으세요.
모두 찾을 때까지 도전해 보세요.

도전 1: _____   도전 2: _____

도전 3: _____   도전 4: _____

정답

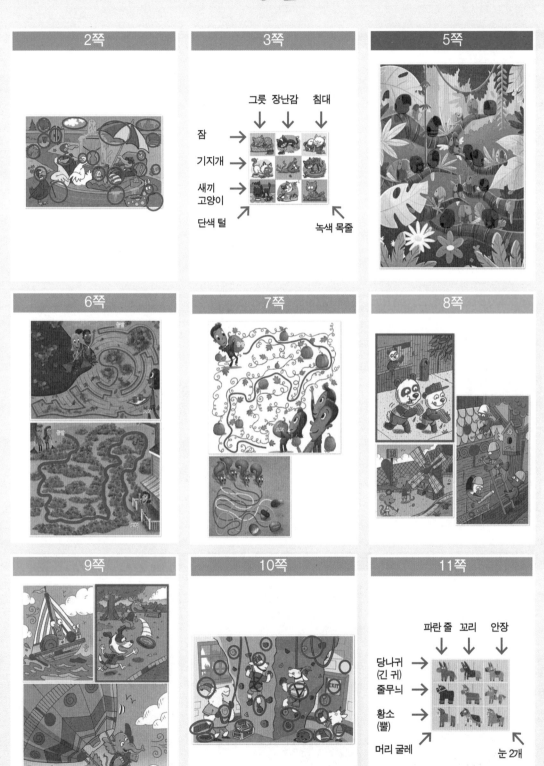

정답

13쪽

14쪽
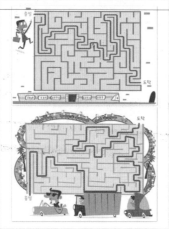

15쪽
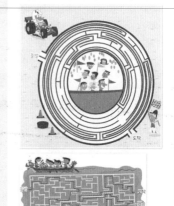

16쪽

17쪽

18쪽

19쪽
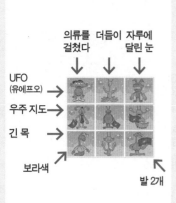

의류를 더듬이 자루에
걸쳤다   달린 눈

UFO
(유에프오)

우주 지도

긴 목

보라색   발 2개

21쪽

22쪽
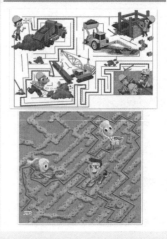